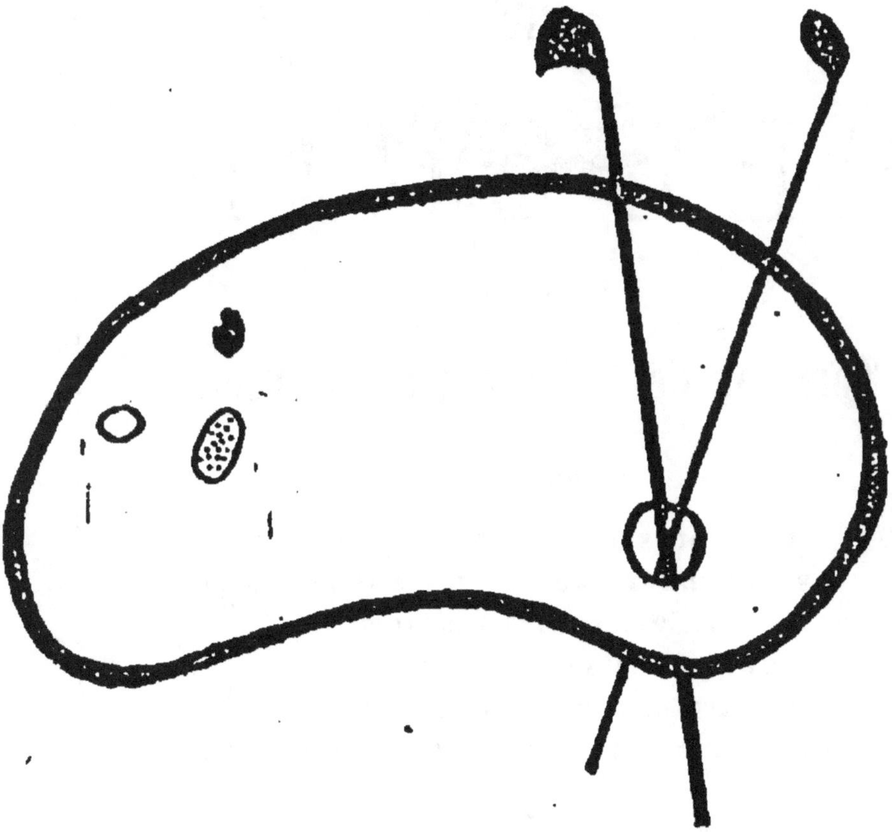

DEBUT D'UNE SERIE DE DOCUMENTS
EN COULEUR

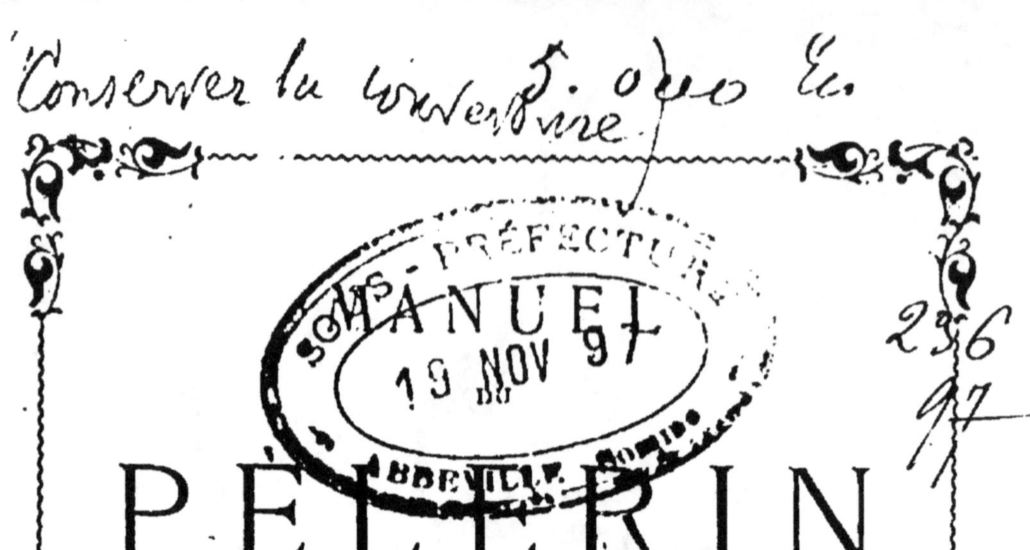

PÈLERIN

AU

Tombeau de Saint Martin, à Tours

Contenant :

LA VIE DU SAINT, AVEC ILLUSTRATIONS
NOTICE SUR LE TOMBEAU DE SAINT MARTIN
LA PRIÈRE DES PELERINS
UNE NEUVAINE DE PRIERES
LITANIES DE SAINT MARTIN
CHOIX DE CANTIQUES LES PLUS USITÉS

En vente au Bureau de la Basilique

ABBEVILLE

LILLART, IMPRIMEUR-ÉDITEUR

Brochures illustrées de Propagande catholique

1897

EN VENTE
Au Bureau de la Basilique

INSIGNE DES PÈLERINAGES, SOUVENIR DE SAINT MARTIN.
Prix. **0 35**

PETITE HISTOIRE POPULAIRE DU TOMBEAU DE SAINT MARTIN
DE TOURS, par l'abbé BATAILLE, premier chapelain.
Prix. **0 75**

L'ESPRIT DE SAINT MARTIN, par le P. DE L'HERMITE
Prix. **0 20**

GUIDE DU PÈLERIN A LA BASILIQUE ET AU TOMBEAU DE
SAINT MARTIN DE TOURS. Prix. **0 20**

HISTOIRE POPULAIRE DE SAINT MARTIN, EVÊQUE DE TOURS.
Prix. **1 00**

VIE DE SAINT MARTIN, traduction de Sulpice SÉVÈRE, par
Richard VIOT. Prix. **1 50**

AVIS

Douze Autels, y compris ceux de la crypte et des
chapelles souterraines, permettent aux Prêtres de
célébrer sans retard.

Recommandations et Prières, chaque jour après
la Messe de neuf heures.

Lampe allumée devant le Tombeau ou à l'intérieur :
Une neuvaine, 3 fr. — Un mois, 10 fr. — Un an, 60 fr.

Offrandes de Cierges, 0 fr. 10 c. à 2 fr.

Médailles de format et de prix variés (cuivre et argent).

Intentions de Messe. Elles sont reçues au bureau
du Sanctuaire.

Archiconfrérie. Écrire à M. le Chapelain (2, rue Descartes). On envoie un cachet d'admission par le courrier.

Ex-voto. Conditions spéciales.

Imprimatur

Die xxviii Octob. 1897

† RENATUS FRANCISCUS,

Arch. Turon.

Fêtes de Saint Martin

12 Mai : Subvention de Saint Martin. — En mémoire de la délivrance de la ville de Tours de la fureur des Normands, arrivée le 12 mai 838, lorsque le corps de Saint Martin parut sur la brèche de la Bazoche.

4 Juillet : Ordination de Saint Martin et translation de son corps. — En mémoire des grâces abondantes que Saint Martin reçut de Dieu le jour de son sacre, et des translations de ses saintes reliques faites le 4 juillet 473 par Saint Perpet et le 4 juillet 1014 par Hugues Ier, dans l'église rebâtie par Hervé le Trésorier.

11 Novembre : Fête principale. — En mémoire de sa mort glorieuse, arrivée le 9 novembre et de la sépulture solennelle de son corps à Tours, le 11 suivant (400). Solennisée le Dimanche 11 novembre ou le Dimanche qui suit. — Pèlerinages quotidiens pendant la neuvaine.

1er Décembre : Translation du chef de Saint Martin. — En mémoire de la fête solennelle qui eut lieu le 1er décembre 1332, lorsque Philippe le Bel, après obtention d'une bulle de Jean XXII, ayant fait séparer la tête de Saint Martin de son corps, pour être exposée à la vénération des fidèles dans un buste en or, la fit porter en triomphe dans les rues de la ville de Tours.

14 Décembre : Réversion du corps de Saint Martin. — En mémoire du retour de ses précieuses reliques le 13 décembre 987. Elles avaient été transférées à Auxerre en l'année 853, dans la seconde invasion des Normands.

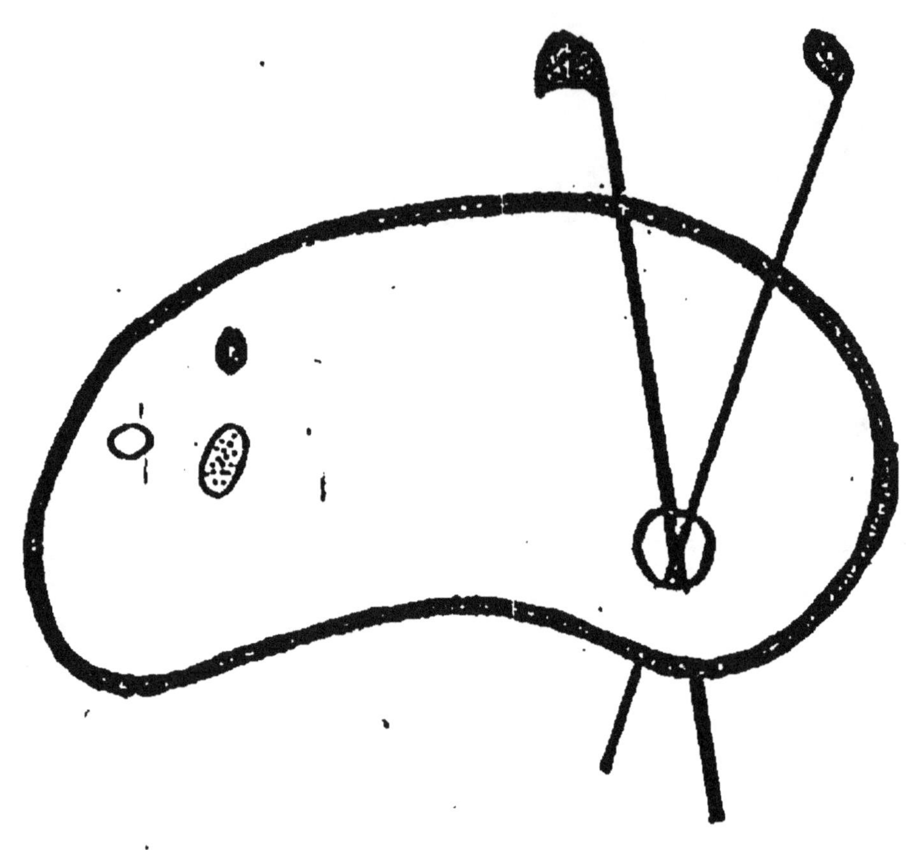

FIN D'UNE SERIE DE DOCUMENTS
EN COULEUR

MANUEL DU PÈLERIN

Au Tombeau de Saint Martin, à Tours

VIE DE SAINT MARTIN

APÔTRE DES GAULES — ÉVÊQUE DE TOURS

Saint Martin est certainement le saint le plus illustre de l'Eglise de France : ses vertus héroïques, ses miracles, les grâces incombrables obtenues par

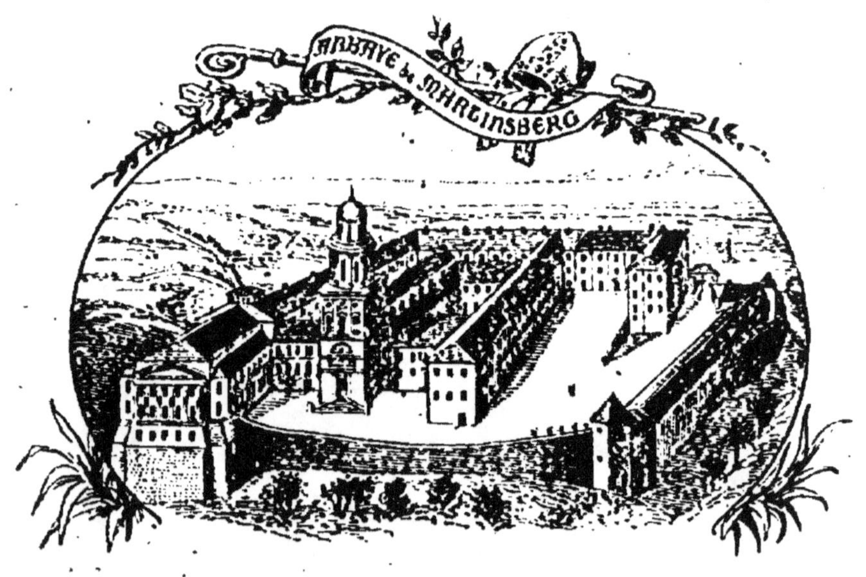

son intercession en ónt fait le saint le plus populaire de notre pays.

Il naquit en Pannonie (Hongrie actuelle), en l'an 316, dans un village nommé Sabarie, qui porte aujourd'hui le nom de *Szentmarton*, ou *Martinsberg*, et où l'on a construit un superbe monastère.

Son père, tribun dans les armées romaines, était idolâtre et voulait faire de son fils un soldat, mais Dieu qui l'avait marqué pour son service, le combla de grâces dès ses premières années et l'attira à lui par d'invincibles attraits.

Tout jeune, il se retirait en des lieux déserts, pour répéter les prières apprises en cachette dans les assemblées de chrétiens et, à l'âge de douze ans, il se fit inscrire au nombre des catéchumènes.

Déjà son âme aspirait à la vertu et, au récit des merveilles qu'on racontait des ermites de l'Orient, il avait conçu le désir de fuir le monde et de servir Dieu dans la solitude.

Ailleurs l'appelaient les décrets de la Providence, qui, au jeu des circonstances, sut l'amener en des contrées dont il devait être l'apôtre.

Sa famille vint se fixer à Pavie, en Italie, où il put jouir des majestueuses cérémonies du culte et achever son instruction religieuse. Agé de seize ans, il espérait obtenir le baptême et en était certainement digne, mais il dut s'adresser à son père, qui, furieux de se voir ainsi déjoué dans ses projets, s'irrita contre son fils et le fit inscrire dans la milice.

Fils de vétéran, Martin fut admis comme élève dans les écoles de cavalerie de la garde impériale, où il resta deux ans pour étudier sa nouvelle profession. Ayant obtenu son brevet, il fut incorporé dans l'armée des Gaules, au corps des lanciers de Sabarie et partit avec eux pour Amiens.

« Martin sous la tente, nous dit Sulpice Sévère son ami et son historien, se contenta d'un seul serviteur ; celui-ci était plutôt servi par son maître, qui allait jusqu'à lui enlever sa chaussure et la nettoyer ; ils prenaient ensemble leur repas et c'était Martin qui servait le plus souvent. » Déjà s'exerçait ainsi cette parfaite charité dont il devait bientôt donner un si éclatant exemple et recevoir la plus douce des récompenses.

C'était en 338, dont la fin de l'hiver fut particulièrement rigoureuse ; Martin rentrait d'une de ces

rondes militaires auxquelles l'obligeait son grade de *cir cuiteur*; passant sous la porte d'Amiens, il aperçoit un pauvre demi-nu qui sollicite en vain la charité; personne ne l'écoute, aussitôt Martin comprend que c'est à lui que Dieu l'a réservé; il n'a plus rien que ses armes et sa chlamyde, mais il n'hésite pas un instant: il tire son épée, coupe le manteau dont il donne la moitié au mendiant et continue sa route sans s'occuper ni des sourires, ni des éloges.

La nuit suivante, une brillante vision l'éveille; une voix l'invite à considérer le Seigneur et le vêtement qui le couvre, tandis que, tourné vers les Anges qui l'entourent, Jésus lui-même leur dit: « Martin n'étant encore que catéchumène m'a couvert de ce manteau. »

Cette faveur extraordinaire, au lieu de l'enorgueillir, ne fit qu'accroître ses vertus.

Saint Martin à la porte d'Amiens.

Bien loin de succomber à la licence et à l'intempérance des camps, il y garda une telle sobriété, y montra tant de patience et de modestie, de bonté et d'affabilité pour tous, qu'on l'eut dit plutôt moine que soldat, aussi « ses compagnons d'armes, qui en étaient les témoins étonnés, finirent par lui vouer un affectueux respect. »

Ce fut alors qu'il obtint la grâce du baptême tant désiré et sentit se réveiller en lui, plus vifs que jamais, ses désirs de solitude et de pénitence.

Parvenu à un haut grade dans l'armée, rien ne pouvait empêcher son départ, mais sollicité par son tribun, devenu son admirateur décidé à le suivre, il l'attendit encore deux ans.

Survint alors un évènement qui précipita sa décision. Les barbares avaient essayé de franchir la frontière du côté du Rhin et l'empereur était venu pour les combattre en per-

Apparition de Notre-Seigneur recouvert du manteau.

sonne. Ayant fait appeler les diverses légions des Gaules, celle d'Amiens arriva à la veille d'un combat décisif. Suivant l'usage, on distribua des largesses aux soldats appelés les uns après les autres ; quand vint le tour de Martin, décidé à ne plus combattre, il refusa ces présents et voulut profiter de l'occasion pour demander son congé : « Jusqu'ici, dit-il, je vous ai servi, César ; permettez que je serve Dieu maintenant : que ceux

qui doivent combattre acceptent vos dons ; moi, je suis soldat du Christ, je ne dois plus verser le sang. » — « C'est la crainte de la bataille de demain, reprit l'empereur irrité, et non l'amour de la religion, qui te fait quitter la milice. » Mais l'intrépide Martin, que le soupçon de lâcheté ne saurait atteindre, lui répond : « Si l'on attribue ma résolution à la peur et non à la foi, demain je me présenterai sans armes devant l'ennemi et, armé du seul signe de la croix, je pénétrerai hardiment ses bataillons. » On le prend au mot, on l'arrête et le tient en prison ; mais le matin arrivé,

Saint Martin devant l'Empereur.

l'ennemi, au lieu de combattre, envoie demander la paix. Martin était libre de servir Dieu seul !

Saint Hilaire, évêque de Poitiers, jouissait alors d'une grande réputation de science et de vertu ; Martin vint se fixer près de lui et bientôt les deux saints furent unis par la plus étroite amitié. Pour l'attacher à son église, le saint évêque ne tarda pas à lui offrir le diaconat, mais n'ayant pu vaincre l'humble résistance de son disciple, il lui fit accepter un des ordres mineurs, celui d'exorciste. C'est alors que commença cette lutte avec le démon, qui, comme il le lui dit peu après, ne devait plus finir.

Martin, en effet, ne devait pas jouir longtemps en paix des consolations pieuses qu'il avait goûtées près d'Hilaire ; celui-ci était à la veille d'un cruel exil et un songe vint avertir notre Saint qu'il devait partir pour son pays, retrouver ses vieux parents afin de communiquer le don de la foi à ceux qui lui avaient donné le jour.

Saint Martin à l'école de Saint Hilaire.

Il partit donc, non sans avoir promis à son maître attristé de bientôt revenir. Arrivé dans les Alpes, il tomba aux mains de voleurs qui voulurent le tuer, mais l'un d'eux lui ayant demandé son nom : « Je suis chrétien ! » répondit-il, puis, s'étant mis à leur reprocher leur conduite, il développa la doctrine de l'Evangile et les convertit. Poursuivant sa route, il avait dépassé Milan, quand soudain un homme, d'étrange allure, se présente à lui et lui demande où il va. « Je vais où le Seigneur m'appelle, » réplique Martin. — « Eh bien, dit l'autre, partout où tu iras, dans toutes tes entreprises, le diable s'opposera à tes desseins. » De fait, Satan, car c'était lui, a tenu parole, mais — Martin avait bien raison de lui dire avec le prophète : « Le Seigneur est mon appui, je n'ai rien à craindre des hommes. »

Arrivé enfin en Pannonie, il eut la consolation de baptiser sa mère et un certain nombre d'habitants de Sabarie, mais son père résista à ses prières et ne

Saint Martin et Saint Hilaire à Ligugé.

voulut pas renoncer au culte de ses dieux et en particulier à celui de Mars dont il avait donné le nom à son fils (*Martinus*, petit Mars).

Cependant les ariens, furieux des prédications de Martin et du tort qu'il faisait à leur hérésie, s'armèrent contre lui : il fut lié, battu de verges et honteusement chassé de la ville.

Il revint donc en Italie, où il apprit la persécution qui désolait la Gaule et l'exil de saint Hilaire, et voulut se fixer près de Milan. Il y fonda un monastère, mais toujours poursuivi par la haine des ariens, il dut se retirer, avec un prêtre très vertueux, dans la petite île déserte appelée « Gallinaria, » où ils vécurent quelque temps, ne se nourrissant que de racines, et où Martin fut l'objet d'une guérison miraculeuse. Ayant appris le retour de saint Hilaire, il court à Rome pour le retrouver, mais il en est déjà reparti ; enfin il le rejoint en Gaule et revient avec lui à Poitiers.

Peu de temps après, pense-t-on, il fut ordonné prêtre ; mais ne pouvant renoncer à ses chères idées

Abbaye de Ligugé.

de solitude, il
se retira en un
lieu peu éloi-
gné, alors très
désert. Là il
bâtit une cabane et fut bientôt
rejoint par des hommes d'élite,
jaloux de vivre sous sa direction. Ainsi fut
fondé le célèbre monastère de Ligugé, aujourd'hui encore habité par des moines
bénédictins, et où il opéra son premier grand
miracle, qui aussitôt le rendit célèbre.

Un catéchumène était venu au monastère pour
s'instruire et peu après y tomba gravement
malade. Martin avait dû s'absenter pour trois
jours; ne soupçonnant pas la gravité du mal, il
n'avait pas même pensé à le baptiser. Quand il
revint, il ne trouva plus qu'un cadavre, et fut ter-
rifié à la pensée du sort éternel de ce malheureux.
Tout d'abord il ne sait que pleurer, mais étant
entré dans la cellule, son âme se remplit du Saint-
Esprit; il ordonne à ses disciples de se retirer,
ferme la porte et se prosterne près du corps inanimé.
Il prie avec toute l'ardeur et la foi dont il est

Résurrection du catéchumène.

capable, et à peine deux heures se sont écoulées qu'il voit les membres s'agiter et les yeux s'entr'ouvrir : le mort est ressuscité ! Aussitôt le pieux solitaire entonne le cantique d'actions de grâce. que répètent à l'envi ses frères émerveillés.

Peu de temps après, traversant les terres d'un certain Lupicin, Martin entend des cris de douleurs et des lamentations. Inquiet, il s'approche et apprend qu'un des esclaves vient de se pendre. Il entre aussitôt dans la chambre où était le corps, se met en prières, se penche vers lui, le soulève et l'esclave est rendu à la vie.

Des miracles aussi éclatants, accompagnés d'une infinité d'autres, étendirent au loin sa renommée et on venait de tous côtés faire appel à sa puissance et réclamer le secours de ses prières.

Il y avait douze ans qu'il s'était fixé à Ligugé quand la ville de Tours perdit son évêque, saint Lidoire, et choisit Martin, dont tous proclamaient les vertus, pour son successeur. Mais comment le faire consentir ? Un certain Ruricius va lui

Oratoire du catéchumène.

demander de venir au secours d'une pauvre malade ; trompé par ce stratagème, Martin, dont la charité ne sait pas formuler un refus, part sans défiance ; il est vite entouré de nombreux habitants, échelonnés le long du chemin, qui le saisissent et l'amènent captif jusqu'à la malade, qui n'était autre que la ville, veuve de pasteur. A Tours, il trouve une multitude immense, venue pour donner son suffrage dans l'élection ; tous l'acclament et, malgré quelques évêques qui lui reprochent son extérieur trop négligé, il est élu et consacré, à la grande joie des Tourangeaux, et au bénéfice de tous. C'était le 4 juillet 370. Le nouveau pontife avait alors cinquante-quatre ans.

Devenu évêque, Martin, nous dit Sulpice Sévère, remplit ses fonctions d'une manière pleine de bonté et d'autorité, mais il ne voulut pas cesser d'être moine.

Il habitait d'abord une petite cellule près de l'église, où l'on pouvait en tout temps le visiter et l'entretenir ; ces visites devinrent bientôt importunes, et ne pouvant se passer de sa chère

Saint Martin, évêque de Tours.

solitude, il se fit une retraite en un lieu presque inabordable, à environ deux milles de la cité. Ce fut l'origine du célèbre monastère de Marmoutiers qui donna tant de saints à l'Eglise.

Il ne tarda pas, en effet, comme à Ligugé, à être entouré de disciples voulant se former à son école. On y compta bien vite quatre-vingts religieux, qui y menaient la vie commune, dans toutes les pratiques de la pénitence et de la perfection.

Quant au saint évêque, sans rien changer à sa vie de mortification, il redoubla d'activité pour satisfaire aux devoirs de sa charge.

Point de fatigues qu'il n'endurât, point de voyages qu'il n'entreprît pour détruire partout le culte des faux dieux; mais le démon, rejeté des villes, se réfugiait dans les campagnes; Martin l'y poursuivit avec l'onction de sa parole et l'éclat de ses miracles. Par lui Jésus-Christ triomphait.

« Qui pourrait, dit encore son historien, raconter les innombrables prodiges qu'il fit alors? On peut dire qu'il les semait à chaque pas. Tout au plus pouvons-nous en rappeler quelques-uns.

Abbaye de Marmoutiers.

Près de la ville il y avait un tombeau qu'on regardait comme celui de plusieurs martyrs, où l'on se rendait en foule. Inquiet, Martin s'enquiert de l'époque et du nom de ces martyrs sans qu'on puisse lui répondre. Alors il se met en prières et obtient que celui, dont le corps repose en ce lieu, déclare hautement qu'il fut un brigand pendant sa vie, désormais condamné au supplice éternel. La foule, qui a entendu cette voix souterraine, reconnaît son erreur, renonce à cette superstition et détruit elle-même le tombeau.

Une autre fois il rencontre un convoi funèbre, qu'il prend de loin pour une cérémonie païenne ; par sa seule volonté tout ce monde reste immobile, s'étant approché, il voit que c'est le corps d'un païen qu'on porte en terre, et aussitôt il rend le mouvement à cette foule étonnée.

Dans un bourg se trouvait un temple antique que Martin fit détruire, mais quand il voulut s'attaquer à un grand pin qui était proche et qu'on adorait, la foule, ameutée par ses prêtres, s'y opposa. En vain le saint évêque leur expose qu'un arbre n'a rien de divin, que c'est son Dieu qu'ils doivent adorer, car seul il a la puissance et un arbre n'est que sa créature « Si tu as si grande confiance au Dieu dont tu parles, lui dit un païen, mets-toi sous cet arbre du côté qu'il doit tomber et nous le couperons nous-mêmes. Si ton Dieu est avec toi, comme tu le dis, il te sauvera, autrement tu seras la victime de tes mensonges. » Martin n'hésite pas un instant ; intrépide et confiant en Dieu, il accepte. Le peuple se réjouit de pouvoir à ce prix se débarrasser de l'ennemi de ses dieux.

Déjà le pin s'incline et marque la place où il doit tomber ; avant de donner les derniers coups, ils prennent le Saint, l'attachent et vont faire tomber l'arbre.

La foule anxieuse s'était rangée à l'écart et les moines, perdant confiance, redoutaient la mort de leur maître, quand tout à coup le pin, éclatant avec fracas, se précipite sur Martin et est sur le point de le toucher ; celui-ci, calme et tranquille, lui oppose le signe de la croix ; aussitôt le pin, comme repoussé par une force invisible, se redresse et va tomber de l'autre côté, renversant une partie de ceux qui se croyaient bien en sûreté. Ce jour-là fut un jour de salut pour le pays. Tous, abjurant leurs erreurs, crurent en Jésus-Christ et demandèrent l'imposition des mains.

Cette vertu surnaturelle et ce courage confiant apparurent en bien d'autres occasions.

Un jour, Martin avait mis le feu à un temple, les flammes menaçaient une maison voisine ; il monte sur le toit de cette maison et se présente au-devant des flammes, qui reculent et s'éteignent.

Un autre jour, à Levroux, les gentils s'opposent à la destruction de leur temple ; outragé et chassé par eux le Saint reste trois jours à prier et à jeûner, couvert d'un cilice. Le troisième jour deux anges viennent à son aide et, sous les yeux des païens

<hr>

Le miracle du pin.

terrifiés, il peut détruire l'édifice jusqu'aux fonda-
tions.

Ailleurs un païen se jette sur lui, l'épée à la
main, mais il est renversé.

Un autre veut le percer d'un couteau, le fer
tombe et disparaît.

Ainsi Dieu défendait son serviteur et lui com-
muniquait sa toute-puissance.

L'action de son zèle ne se bornait pas à son
heureux diocèse; la réputation de sa sainteté
s'étendait au loin et partout on réclamait le bienfait
de sa présence.

La femme fait boire l'âne de Saint Martin.

Dans ces courses apostoliques qu'il ne pouvait faire à pied, comme son divin Maître, il voyageait sur un âne.

Un jour, c'était au fort de l'été, la pauvre monture se trouva fatiguée ; Martin s'arrête à l'entrée d'un bois, près d'un sentier qui conduit à un puits. Passe un villageois portant de l'eau. « Voudrais-tu, mon ami, dit le Saint, donner un peu de cette eau à ma pauvre bête ? » — « Si ta bête a soif, va toi-même à la fontaine, » lui répond le brutal qui continue sa route. Aussitôt survient une pauvre femme ; il lui fait la même demande : « Volontiers, dit-elle ; ce ne sera pas une grande fatigue de retourner au puits, » et elle se met à abreuver l'âne. « Ta charité, lui dit Martin, ne sera pas sans récompense : attends un peu. » Il se prosterne, prie quelques instants, et à la place qu'il vient de quitter jaillit une source abondante.

De toutes ses vertus, c'est encore la charité qui est la passion de son cœur. Avant tout il veut se rendre utile à son prochain. Faut-il pour cela pénétrer chez les puissants de la terre ? Rien ne l'arrête, il sait forcer l'entrée de leur palais, arriver jusqu'à eux et faire rendre justice à tous.

A Trèves l'empereur le reçoit, l'invite même à sa table où l'impératrice tient à honneur de le servir de ses propres mains ; Martin en profite pour donner une leçon, passant la coupe à son clerc avant de la remettre à l'empereur, pour montrer la grandeur de la dignité sacerdotale.

A Paris, il voit un lépreux à la porte d'une église, dont tous se détournent pleins d'horreur. Martin s'approche, l'embrasse et le lépreux est guéri à l'instant.

A Chartres, il ressuscite une jeune fille et la rend à sa mère inconsolable. Ce fut la troisième résurrection qu'il obtint.

« Il faudrait, dit Sulpice Sévère, d'énormes volumes pour raconter tous les miracles et les merveilles de cette vie vraiment incomparable. »

Au retour de ses voyages, suivant le chemin que

parcourent aujourd'hui les pèlerins, il avait hâte de retrouver ses bien-aimés rochers de Marmoutiers, où l'attendaient avec non moins d'impatience ses disciples, vaquant à la méditation, à la prière et à la transcription des livres. Revenu parmi eux, il les instruisait, les dirigeait avec cette éloquence dont Notre-Seigneur a laissé le modèle dans son Évangile. Il tirait ses enseignements, ses comparaisons de tout ce qui l'entourait, de la nature, des créatures et des fleurs. Sa bonté et sa patience étaient à toute épreuve : un de ses disciples, nommé Brice, affligeait le couvent de ses scandales et répondait souvent par des impertinences ou des emportements ; ses frères s'en plaignaient et voulaient qu'on l'éloignât. « Notre-Seigneur, dit le Saint, a bien souffert Judas près de sa personne ; ai-je le droit de renvoyer Brice ? » Cette douceur et les prières du Saint vinrent à bout de Brice qui se convertit, fit pénitence, et monta sur le siège de Tours, comme son maître l'avait prédit.

Saint Martin atteignait sa quatre-vingt-unième année, quand il apprit que dans une église de son diocèse, à Candes, la division s'était mise entre les clercs. Malgré son grand âge et la saison avancée, il partit aussitôt. Après un court séjour qui lui suffit pour tout concilier, il allait repartir pour son monastère, quand il sentit tout à coup ses forces

défaillir. Sur l'heure il réunit ses frères et leur apprend qu'il va les quitter.

Alors on n'entend que plaintes et sanglots : « Pourquoi, Père, nous abandonner ? Qui donc défendra votre troupeau ? Nous comprenons que vous aspiriez à Jésus-Christ, mais votre récompense est assurée ! » Touché de ces pleurs, Martin dit à Dieu : « Seigneur, si je suis encore utile à votre peuple, je ne refuse pas le travail. Que votre volonté soit faite. » Mais la fièvre poursuit son œuvre. Pendant qu'elle consume ce qui lui reste de forces, Martin tient son âme constamment unie à Dieu, les

Eglise de Candes.

yeux fixés au ciel, le corps couché sur la cendre et le cilice. Pour le délasser ses enfants voulaient le changer de position. « Non, dit-il, laissez-moi regarder le ciel plutôt que la terre, afin que mon âme prenne plus facilement son essor vers Dieu. »

Il aperçoit alors le démon à ses côtés : « Que fais-tu ici, bête cruelle ? tu ne trouveras rien en moi qui t'appartienne ; je serai reçu dans le sein d'Abraham. »

Après ces paroles, il expira.

Ceux qui étaient présents virent son visage resplendir comme celui d'un ange, ses membres s'assouplirent, sa chair ressemblait à celle d'un enfant et l'on entendait le chant des esprits célestes venus au-devant de son âme.

A la première nouvelle de sa maladie beaucoup s'étaient réunis autour de sa couche ; quand on sut sa mort, ce fut une désolation universelle. De Tours et de Poitiers arrive une foule considérable qui se dispute la dépouille mortelle. Les Poitevins réclament la possession du bienheureux corps ; les Tourangeaux indignés résistent.

La nuit vint sans qu'on pût se

Enlèvement de Saint Martin.

mettre d'accord. Alors on ferme les portes de la chambre mortuaire et les rivaux montent la garde. Mais Dieu ne voulait pas que Tours fut privé de son patron. Au milieu de la nuit, les Poitevins s'endorment, les Tourangeaux s'emparent du corps du Saint, le descendent silencieusement par une fenêtre et, remontant la Loire dans une barque, l'emmènent jusqu'à Tours, chantant des cantiques et des psaumes d'allégresse.

Sans doute l'affliction était dans tous les cœurs, mais tous étaient heureux à la pensée de la gloire et de la puissance dont il jouissait au ciel. On ne tarda pas à lui élever un sépulcre glorieux, qui garda longtemps le souvenir et le culte de Martin, comme celui du saint le plus populaire de France.

Tombeau de saint Martin dans la Basilique de Tours.

Notice sur le Tombeau de Saint Martin

Saint Martin est le type le plus frappant sur lequel se soit modelée notre nation et son tombeau fut, dans notre pays, le foyer le plus actif de l'influence chrétienne et civilisatrice.

Le corps du thaumaturge, ramené en triomphe, fut d'abord déposé dans le cimetière des chrétiens, hors de la ville. Un oratoire bâti par saint Brice, son disciple, fut bientôt remplacé par une basilique due à saint Perpet. C'était le monument le plus somptueux des Gaules, et un auteur put le comparer au temple de Salomon. Le corps y fut transféré solennellement le 4 juillet 473. Saint Euphrône d'Autun envoya un magnifique marbre sur lequel on lisait : « *Confesseur par ses mérites, martyr par ses souffrances, apôtre par ses actes, Martin règne glorieux dans le Ciel, ici dans son Tombeau ; qu'il se souvienne, et qu'effaçant les péchés de notre pauvre vie, il cache nos fautes sous ses mérites !* »

Bientôt le pèlerinage de Tours ne le céda en rien à ceux de Rome, de Jérusalem et de Compostelle. Ainsi le déclara le Concile d'Orléans.

On vit accourir les grands, les malades, les riches, les pauvres, les humbles, qui forment dans l'histoire un incomparable cortège toujours en marche vers le tombeau du thaumaturge. Citons Clovis, sainte Clotile, sainte Radegonde, sainte Geneviève, Clotaire, Charles Martel, Charlemagne et presque toute sa postérité, Hugues Capet, Philippe-Auguste, Richard Cœur-de-Lion, saint Louis, Louis XIV, Blanche de Castille, Jeanne d'Arc, Jeanne de Maillé, etc., etc. Cinq Papes s'y agenouillèrent, en particulier Urbain II, au retour de Clermont où il avait prêché la croisade. Tous, dans l'Église comme dans l'État, y accouraient donc comme à un nécessaire et solennel rendez-vous.

Ce concours immense, si favorable à la formation chrétienne de la France, avait pour cause les nombreux miracles qui s'opéraient au tombeau de saint Martin. Leur récit remplissait des registres entiers, écrits par des témoins oculaires et gardés près du tombeau. La vertu de saint Martin agissait soudainement ; cependant parfois il fallait en attendre longtemps la manifestation ; aussi, les malades passaient leurs nuits à prier, jeûnant, pleurant, tenant quelquefois un cierge allumé depuis le soir jusqu'au matin, placés vers les pieds du Saint, « *ad pedes sancti* » ; les plus souffrants se couchaient là sous les portiques ; d'autres étaient logés dans l'atrium ou tout à côté de l'église, et se faisaient transporter chaque jour auprès du corps de saint Martin. Quelques-uns demeuraient ainsi des semaines, des mois, des années !

Un aveugle du pays d'Outre-Mer pria durant quatre ans ! Presque tous ces malheureux voyaient enfin leur constance récompensée. En signe de reconnaissance, les heureux miraculés suspendaient leurs béquilles aux poutres de l'édifice, déposaient des offrandes, ou coupaient leurs cheveux pour se consacrer, comme clercs, au service de leur céleste Bienfaiteur.

Ses reliques étaient, on le comprend, l'objet d'une sainte avidité ; on se disputait même tout ce qui avait approché le saint corps. Fragments du sarcophage primitif, brins de frange ou d'étoffe enlevés aux rideaux ou aux nappes, cire provenant des cierges, bois de la balustrade, poussière raclée sur les pierres du saint monument, vase rempli d'eau ou de vin, huile prise aux lampes qui brûlaient ou apportée du dehors, tout servait de moyen pour satisfaire la foi ardente et ingénieuse de nos pères.

Le corps du Bienheureux fut, pour son peuple, l'occasion de grands bienfaits, même temporels : exemption des impôts, asile inviolable assuré aux accusés, établissements de bienfaisance et hospices,

enseignement des arts libéraux et des sciences :
ce sanctuaire incomparable était le foyer de tout ce
qu'il y avait de grand et de bon chez le peuple de
France dans les siècles passés.

Aussi de nombreux privilèges en furent-ils la
juste récompense. Les rois se faisaient gloire du
titre honorifique d'abbé de Saint-Martin de Tours ;
le droit de battre monnaie était reconnu à l'abbaye
et plus tard à la collégiale. En accordant ces privilèges, l'autorité voulait reconnaître les éminents
services rendus par les fils de saint Martin.

L'espace manque ici pour dire l'immense popu-
larité de saint Martin. Patron des armées, sa
« chape » fut l'étendard national et conduisait nos
armées à la victoire ; évêque et apôtre, l'Église lui
a décerné les plus grands honneurs liturgiques ;
thaumaturge, il est acclamé par les usages, les
légendes et les institutions. Les hommes et les
choses le célèbrent à l'envi et on peut redire cette
parole curieuse de Grégoire de Tours : « Saint
Martin, mais c'est le patron spécial... du monde
entier ! »

On le comprend, la basilique bâtie par saint Perpet, quelque belle qu'elle fût, ne pouvait plus suf-
fire à une dévotion aussi universelle. Du reste, le
feu et les Normands avaient ravagé cet édifice
célèbre. Il fut rebâti au xi° siècle par Hervé de
Buzançais ; ce glorieux monument, remanié lui-
même, devint au xiii° siècle un vaste vaisseau à
cinq nefs, dont l'aspect général était des plus impo-
sants ; l'intérieur surtout empruntait aux splendeurs
du tombeau, à l'éclat des verrières, aux peintures
murales des chapelles, aux riches tapisseries du
chœur, cette majesté harmonieuse, et en même
temps cette animation, cette vie qui caractérisaient
l'architecture gothique et plus spécialement l'architecture française.

Mais non seulement le tombeau était abrité par
des basiliques splendides, mais les peuples élevaient d'innombrables églises en l'honneur du
grand évêque. Aujourd'hui encore, après tant de

destructions, la France seule en possède près de
4,000.

Il ne devait manquer au saint tombeau aucune
gloire, pas même celle de la persécution.

A cause des incursions des Normands, quatre
fois le corps de saint Martin dut être emporté au
loin, en particulier à Auxerre où il resta trente-
quatre ans. Le retour fut des plus solennels :
6,000 hommes d'armes escortaient la châsse qui
répandait les miracles sur son passage, et repre-
nait bientôt possession de son lieu de repos.

Une dernière fois les Normands reparurent; le
peuple porta la châsse sur les remparts, et l'ennemi
fut mis en fuite. C'est la *subvention de saint
Martin.*

Mais il devait y avoir pire que l'exil. Les Hugue-
nots, en effet, en 1562, étaient maîtres de Tours ;
par ordre de leurs chefs, ils profanent l'église,
brisent les croix, les reliquaires, et forcent les
tabernacles. Puis se saisissent de la châsse qui
contient le précieux corps, ils la dépècent et la
jettent au feu avec les saintes reliques. Toutefois
Dieu ne permit pas que l'attentat fut consommé.
Un des prêtres, nommé Saugeron, put saisir un
fragment notable du crâne et un os du bras, et
lorsque la paix fut rétablie, ces saints ossements
furent rendus à la vénération publique.

Toutefois la basilique mutilée n'était pas à terre.
La Révolution acheva l'œuvre criminelle ; les
reliques furent encore sauvées, cette fois, par un
sonneur de l'église, Martin Lhommais et par une
de ses parentes. Le temple fut d'abord transformé en
écurie ; quelques années plus tard (1802), un préfet
de Tours le fit démolir, sauf deux tours, qui
demeurent comme des accusateurs silencieux.

Quand Napoléon vint à Tours, il ne voulut pas
communiquer avec ce magistrat vandale et se contenta de dire : « Je n'ai rien à répondre à ceux qui
ont détruit Saint-Martin de Tours. »

Après un si grand désastre, il semblait que le
tombeau de saint Martin fut absolument et défini-

tivement perdu, puisque deux rues marchandes coupaient le sol de la basilique rasée. Satan semblait vainqueur.

Mais grâce à un évènement providentiel, le choléra de 1849 où les reliques de saint Martin furent portées en procession ; grâce surtout à l'initiative et aux prières de M. Dupont, le saint Homme de Tours, en même temps que renaissait le culte du thaumaturge, s'éveillait le désir de recouvrer son glorieux tombeau.

Après maintes recherches, démarches, tentatives, il fut enfin découvert le 14 décembre 1860, sous une construction profane, où il était enfoui depuis soixante-dix ans ! C'était sous le pontificat de Mgr Guibert. Ce fut alors un concours immense de prêtres, de fidèles, de savants qui venaient constater et célébrer ce précieux évènement.

Les pèlerinages s'organisèrent bientôt pour ne plus discontinuer ; sur ce lieu béni, à plusieurs constructions provisoires, succède maintenant un très

Basilique de Saint-Martin, à Tours.

riche monument construit sur le modèle des basiliques primitives. Il fut commencé sous l'épiscopat de Mgr Meignan.

Les colonnes sont des granits monolithes des Vosges, d'un grand prix ; l'autel en marbres, mosaïques et porphyre est surmonté d'un magnifique *Ciborium* qui abrite l'autel et les reliques. La coupole portée par vingt colonnes, est d'une grande élégance ; sur la partie sphérique est peinte la *glorification de saint Martin.*

Pour accéder au *tombeau*, deux larges escaliers descendent dans la crypte ; du sol s'élèvent dix riches colonnes en marbre grenat d'Ecosse ; et les murs sont couverts d'ex-voto et d'armoiries.

Le tombeau lui-même est recouvert d'un sarcophage en marbres précieux ornés de mosaïques.

A travers les riches grilles qui protègent les pierres vénérables du vieux sépulcre et à la lueur des lampes qui brûlent incessamment entre les parvis, on aperçoit la forme et les dimensions du tombeau.

Gloire à Dieu puisque les ossements du thaumaturge sont replacés entre ces murs sauvés de l'oubli, pendant qu'à l'extérieur, sur le dôme aux nervures dorées qui couronne l'édifice, se dresse la statue du grand Evêque (1) bénissant et la cité dont il fut le père, et la France entière dont il sera toujours l'honneur et la gloire !

---

(1) Dans le bras de la statue sont déposées des reliques de saint Martin, de saint Brice, de saint Perpet et de saint Grégoire de Tours. — Il y a 100 jours d'indulgences pour l'invocation : « Saint Martin, priez pour nous » récitée en regardant la statue.

PRIÈRE DES PÈLERINS

Prosternés devant votre antique tombeau, ô saint Martin, nous vous saluons du nom de Père de la Patrie.

C'est ici que pendant quinze siècles nos aïeux vous ont invoqué ; c'est du fond de ce sépulcre que vous les avez inspirés, consolés, guéris et sanctifiés.

A la suite des personnages les plus illustres : de cinq papes, de nos évêques, de nos rois, de nos reines, de nos saints, de nos héroïnes venus visiter votre sanctuaire, nous venons implorer votre puissant secours.

Au nom de ces grands et antiques souvenirs, ô saint Martin ; au nom de l'amour que vous avez pour la France, nous vous supplions de conserver dans nos cœurs l'amour de Jésus-Christ et de l'Eglise.

Faites que les Français soient toujours vos dignes fils, fidèles à vos enseignements.

Bénissez les soldats dont vous êtes le modèle, les religieux dont vous avez mené la sainte vie, les prêtres et les évêques dont vous êtes l'exemple et la gloire, les pauvres et les humbles dont vous avez été le père.

Suscitez parmi nous des saints qui nous rendent la foi des anciens jours !

O Père, à genoux, ici, même où tant d'autres avant nous ont prié et pleuré, nous implorons votre protection pour nos corps et pour nos âmes.

A votre exemple, ne refusant ni la vie ni la mort, nous promettons, pour votre honneur et notre salut, de vivre et de mourir en véritables chrétiens. Ainsi soit-il.

Pater, Ave, et trois fois : *Saint Martin, priez pour nous.*

NEUVAINE DE PRIÈRES

En l'honneur de Saint Martin.

PREMIER JOUR

Fidélité à la grâce.

Saint Martin qui, dès l'âge le plus tendre, avez été prévenu de la douceur des bénédictions célestes et divinement éclairé des lumières de la foi ; vous, dont la correspondance à la grâce mérita que Dieu la répandit sur vous avec tant d'abondance : obtenez-nous une fidélité semblable à la vôtre ; faites que, diligents et attentifs à suivre toutes les inspirations du Saint-Esprit, nous progressions sans cesse dans cette foi qui fait les saints.

O saint Martin, puissions-nous conserver toujours intact ce trésor qui nous a été légué par votre ministère. Faites qu'excités par vos exemples et soutenus par votre protection nous avancions d'un pas ferme et rapide dans la voie des commandements du Seigneur. Ainsi soit-il.

Pater, Ave, et trois fois : *Saint Martin, priez pour nous.*

DEUXIÈME JOUR

Esprit de charité.

Saint Martin qui, même avant la grâce du baptême, avez eu le bonheur de vêtir Jésus-Christ dans la personne du pauvre en lui partageant votre manteau, demandez et obtenez pour nous cet esprit de charité, signe distinctif des élus ; faites que nous comprenions et aimions le mystère de la pauvreté ; détachez nos esprits et nos cœurs des biens de la terre, afin que, découvrant des yeux de la foi un Dieu caché sous les haillons de la misère, la pensée de soulager Jésus dans la personne de ses pauvres rende nos aumônes et plus abondantes et plus méritoires. Ainsi soit-il.

Pater, Ave, et trois fois : *Saint Martin, priez pour nous.*

TROISIÈME JOUR

Courage chrétien.

Saint Martin qui avez tout sacrifié pour suivre Jésus-Christ, vous qui ne craigniez pas d'affronter, seul et sans armes, d'innombrables ennemis, obtenez-nous, avec un complet détachement des choses du monde, cette merveilleuse confiance dans le secours d'en haut ; qu'à votre exemple, armés de la Croix, nous devenions redoutables aux ennemis de notre salut, ne rougissant jamais de nos croyances, toujours prêts à proclamer notre foi autant par nos actes que par nos paroles ; faites-nous chercher avant tout le divin Jésus et que ni la prospérité, ni l'adversité, ni la vie, ni la mort, ni aucune puissance ne puisse nous séparer de son amour. Ainsi soit-il.

Pater, Ave, et trois fois : *Saint Martin, priez pour nous.*

QUATRIÈME JOUR

Esprit intérieur.

Saint Martin dont l'âme, à peine régénérée par le baptême, soupirait après la solitude et le recueillement ; vous qui cherchiez près d'Hilaire la connaissance exacte de la religion et de ses devoirs, communiquez à nos âmes cette soif ardente de la vérité et ce besoin de vie intime avec Dieu ; faites qu'au milieu des tracas de la vie nous sachions trouver Dieu à l'heure de la prière et que notre ferveur rachète les faiblesses de notre nature déchue, afin que commence dès ici bas cette bienheureuse union que nous espérons mériter par votre entremise pour l'éternité. Ainsi soit-il.

Pater, Ave, et trois fois : *Saint Martin, priez pour nous.*

CINQUIÈME JOUR

Esprit de renoncement.

Saint Martin qui pour suivre plus parfaitement le divin Maître renonciez à tout ici-bas, et pour le mieux servir recherchiez les lieux les plus déserts, faites qu'à l'exemple des pieux solitaires, venus se mettre sous votre conduite pour mieux pratiquer la vertu, nous ressentions nous aussi un vif désir de la perfection ; ne souffrez pas que nous nous contentions du strict nécessaire, mais donnez-nous le désir de copier entièrement comme vous le divin Modèle, afin qu'animés de son esprit, vivant de sa vie, nous arrivions au bonheur que Dieu promet à qui sera conforme à l'image de son divin Fils. Ainsi soit-il.

Pater, Ave, et trois fois : *Saint Martin, priez pour nous.*

SIXIÈME JOUR

Esprit de foi.

Saint Martin, modèle achevé d'humilité, de patience, de douceur et de mortification, vous dont les vertus excitaient l'admiration et qu'aucune tribulation ne put jamais émouvoir, imprimez profondément dans nos âmes cette conviction, que les peines de cette vie ne sont rien en comparaison du poids éternel de gloire qui en sera la récompense ; faites-nous voir toujours la main miséricordieuse du Maître dans les épreuves qu'il nous envoie, afin que comme lui, portant courageusement nos croix, nous arrivions dans son royaume par ce chemin de la contradiction et de la souffrance, qui est la voie la plus sûre de la gloire et du bonheur éternels. Ainsi soit-il.

Pater, Ave, et trois fois : *Saint Martin, priez pour nous.*

SEPTIÈME JOUR

Zèle de la gloire de Dieu.

Saint Martin, plein de zèle pour le salut des âmes, qui, revêtu malgré vous de la dignité épiscopale, en avez si parfaitement rempli les charges, parcourant les campagnes pour prêcher Jésus-Christ, détruisant les temples des idoles et leur culte ; vous qui ne craigniez pas d'exposer votre vie pour convertir les infidèles, n'oubliez pas que nous sommes les fils de ceux que vous évangélisiez avec tant d'amour ; continuez et perfectionnez du haut du ciel l'œuvre commencée sur cette terre ; préservez de toute erreur un troupeau qui vous est cher et gardez-nous pure et intacte la foi que vous avez prêchée à nos aïeux! Ainsi soit-il.

Pater, Ave, et trois fois : *Saint Martin, priez pour nous.*

HUITIÈME JOUR

Esprit de pénitence.

Saint Martin, dont le merveilleux apostolat a été signalé par des miracles sans nombre ; vous qui rendiez la santé aux malades et aux infirmes, qui chassiez les démons et guérissiez les lépreux ; vous qui avez ressuscité trois morts et qui conversiez si familièrement avec Dieu et avec sa sainte Mère, maintenant que vous êtes près d'eux, votre puissance ne saurait être amoindrie ; utilisez-la en notre faveur ; il y a encore parmi nous tant de malades et de morts spirituels ! obtenez la guérison des uns, la résurrection des autres, pour tous, la persévérance dans l'étude et l'imitation de vos vertus, afin qu'un jour nous soyons aussi associés à votre récompense. Ainsi soit-il.

Pater, Ave, et trois fois : *Saint Martin, priez pour nous.*

NEUVIÈME JOUR

Grâce d'une bonne mort.

Saint Martin, pasteur ineffable qui, sur le point de recueillir la récompense, consentiez à continuer le travail par dévouement à votre troupeau ; vous qui regardiez sans terreur les approches de la mort et pouviez défier l'ennemi du salut de trouver rien en vous qui lui appartînt ; donnez-nous un peu de cet esprit de charité dont vous étiez rempli et obtenez-nous cette innocence de vie qui donne la résignation et la confiance. A cette heure suprême amenez près de nous la divine Marie et nos saints Anges, pour écarter les esprits de ténèbres et faites que, munis des sacrements de l'Église, nous passions de cette vallée de larmes dans la terre des vivants, pour y chanter éternellement avec vous les miséricordes du Seigneur. Ainsi soit-il.

Pater, Ave, et trois fois : *Saint Martin, priez pour nous.*

Litanies de Saint Martin

Seigneur, ayez pitié de nous.
Jésus-Christ, ayez pitié de nous.
Seigneur, ayez pitié de nous.
Jésus-Christ, écoutez-nous.
Jésus-Christ, exaucez-nous.
Père céleste, qui êtes Dieu, ayez pitié de nous.
Fils, rédempteur du monde, qui êtes Dieu, ayez pitié de nous.
Esprit Saint, qui êtes Dieu, ayez pitié de nous.
Trinité Sainte, qui êtes un seul Dieu, ayez pitié de nous.
Sainte Marie, priez pour nous.
Sainte Mère de Dieu,
Sainte Vierge des vierges,
Saint Martin,
Saint Martin, qui avez donné la moitié de votre vêtement à un pauvre,
Saint Martin, modèle de la vraie perfection,
Saint Martin, gloire des soldats,
Saint Martin, règle des religieux,
Saint Martin, perle des prêtres,
Saint Martin, excellent pasteur de Tours,
Saint Martin, glorieuse lumière des païens,
Saint Martin, intrépide destructeur des idoles,
Saint Martin, propagateur de la foi romaine,
Saint Martin, zélateur de la gloire de Dieu,
Saint Martin, splendeur de l'Eglise d'Occident,
Saint Martin, qui viviez de la foi,
Saint Martin, dont l'humilité fut très profonde,
Saint Martin, dont la contemplation fut très élevée,
Saint Martin, qui étiez très appliqué à l'oraison,

Saint Martin, dont la charité fut très ardente,
Saint Martin, miroir de patience,
Saint Martin, très doux père des pauvres,
Saint Martin, consolateur des affligés,
Saint Martin, santé des malades,
Saint Martin, terrible au démon,
Saint Martin, illustré par de nombreux miracles,
Saint Martin, qui avez ressuscité trois morts,
Saint Martin, homme ineffable, qui ne refusiez
    pas le travail,
Saint Martin, à la mort de qui le chœur des
    Anges tressaillit d'allégresse,
Saint Martin, dont toutes les nations racontent
    la gloire,
Saint Martin, dont le sépulcre est glorieux,
Saint Martin, protecteur de ceux qui se confient,
    en vous,
Saint Martin, patron de la France,
Agneau de Dieu, qui effacez les péchés du monde,
    pardonnez-nous, Seigneur.
Agneau de Dieu, qui effacez les péchés du monde,
    exaucez-nous, Seigneur.
Agneau de Dieu, qui effacez les péchés du monde,
    ayez pitié de nous, Seigneur.
Jésus-Christ, écoutez nous.
Jésus-Christ, exaucez-nous.
   ℣. Saint Martin, priez pour nous,
   ℟. Afin que nous soyons dignes des promesses de
Jésus-Christ.

ORAISON.

O Dieu, qui avez été glorifié par la vie et par la
mort de notre bienheureux Pontife saint Martin,
renouvelez dans nos cœurs les mêmes merveilles
de votre grâce, afin que ni la mort ni la vie ne
puissent jamais nous séparer de la charité de Jésus-
Christ, votre fils, qui, étant Dieu, vit et règne dans
les siècles des siècles. Ainsi soit-il.

CHOIX DE CANTIQUES

O saint Pontife.

(L. Hallez.)

Chœur.

O saint Pontife, apôtre de nos pères,
Nous implorons aujourd'hui ton secours ;
Reçois nos vœux, accueille nos prières,
Sauve la France et garde-la toujours !

Couplets.

1.

Jeune encore, tu ceignis le glaive,
Sous la bannière des Césars ;
Mais dans ton cœur la foi se lève
Et t'inscrit sous ses étendards.

2.

Dès lors aussi, flamme suprême,
Brûle en ton sein la charité ;
Et du pauvre, pauvre toi-même,
Tu sus vêtir la nudité.

3.

Oh ! couvre un peuple qui t'implore,
Des plis sacrés de ton manteau ;
De ta chlamyde couvre encore
Et la patrie et son drapeau !

4.

Ce manteau, que le Roi de gloire
Avec toi daigna partager,
Guidait jadis à la victoire
La France en ses jours de danger.

5.

Mais depuis lors un vain mirage
Vers l'abîme emporte ses pas ;
Meurtrie, elle touche au naufrage ;
Grand Saint, ne l'abandonne pas !

6.

Dissipe l'erreur qui sans cesse
Egare nos pas incertains,
Et donne courage et sagesse
A ceux qui règlent nos destins.

7.

Surtout dans la tourmente amère
Qui soulève aujourd'hui les flots,
Défends l'Eglise, notre Mère,
Conduis-nous au port du repos.

Musique de P Rastier.

La vie de Saint Martin.

1

Louons la mémoire
Du grand saint Martin ;
Chantons à sa gloire
Ce pieux refrain :

Refrain : Sancte Martine, ora pro nobis.
Sancte Martine, ora pro nobis.

2	3
C'est à Sabarie	Dans le paganisme
Qu'il reçut le jour ;	Martin était né ;
Encore sa patrie	Le christianisme
L'entoure d'amour.	L'a vite charmé.

4

Mais bientôt son père
Le veut au combat ;
Martin obtempère
Aux vœux du soldat.

5

Là son innocence
Ne sombrera pas ;
Il fuit la licence
Des autres soldats.

6

Du Dieu qu'il adore,
Véritable enfant,
Il aime, il honore
Le pauvre indigent.

7

La froidure est grande
Aux portes d'Amiens,
Un pauvre y demande
Aide aux citoyens.

8

Sa plainte inutile
Laisse indifférents
Les gens de la ville,
Les autres passants.

9

Emu de tendresse
Martin cherche en vain :
Hélas ! ô détresse !
Il n'avait plus rien.

10

Tirant son épée
Il partage en deux
Sa chlamyde aimée
Pour ce malheureux.

11

Mais la nuit suivante,
Pendant son sommeil,
Jésus se présente
Beau comme un soleil.

12

De sa main divine
Il tient un lambeau
Que Martin devine
Être son manteau.

13

S'adressant aux Anges,
Le Christ dit enfin :
« Chantez les louanges
Du soldat Martin. »

14

« Ce catéchumène
Coupant son manteau,
D'une foi sereine
M'offrit ce morceau. »

15

O moment suprême
Où Martin joyeux
Reçut le baptême
Qui combla ses vœux !

16

Près de saint Hilaire
Il choisit un lieu,
Fonde un monastère
Pour honorer Dieu.

17

Ami du silence
Et des saints discours,
Dans la pénitence
Il passe ses jours.

18

Un catéchumène
Succombe au trépas,
Martin le ramène
Aux jours d'ici bas.

19

Sa vertu sublime
Brille aux alentours,
Lui gagne l'estime
Du peuple de Tours.

20

L'humble solitaire,
Malgré sa terreur,
Est élu père,
Pontife et pasteur.

21

Dans la solitude
Il aime à prier ;
Sa sollicitude
Fonde Marmoutier.

22

Dans ce pieux asile
De paix et de foi,
Un peuple docile
Embrasse sa loi.

23

Mais bientôt il vole
Vers les saints combats,
Détruisant l'idole
Partout sous ses pas.

24

A sa voix suprême
Le lépreux guérit,
Sur son ordre même
La mort obéit.

25

Son pèlerinage
Est près de finir :
Un divin message
Vient l'en avertir.

26

Dans son monastère
On entend crier :
« Hélas ! tendre Père,
Pourquoi nous quitter ? »

27

« Dans votre héritage
Des loups ravissants,
Vont mettre au pillage
Vos tendres enfants. »

28

Couché sur la cendre
Comme un pénitent,
Martin fait entendre
Ce mot consolant :

29

« S'il est nécessaire
De combattre encor,
Mon Dieu, je préfère
Retarder ma mort. »

30

Tout près de sa couche
Le démon jaloux,
Comme un lion farouche,
Le guette en courroux.

31

« O bête cruelle,
Qu'attends-tu de moi ?
J'ai, toujours fidèle,
Conservé la foi. »

32

Son âme s'envole
Vers les saints parvis
Ceindre l'auréole
Dans le Paradis.

33

O Pasteur suprême
Qui régnez aux Cieux
Défendez quand même
Vos enfants pieux.

34

Protégez sans cesse
Votre cher troupeau,
Couvrez sa détresse
De votre manteau.

Paroles de R. Miannay.

35

Donnez-lui le zèle,
Augmentez sa foi ;
Rendez-le fidèle
A la sainte loi.

36

Jetez sur la France
Un regard d'amour,
Que votre puissance
La relève un jour.

37

Du haut de la gloire
Daignez, ô Martin,
Donner la victoire
Au peuple chrétien.

(Chant populaire des Picards.)

De saint Martin chantons la gloire.

1

De saint Martin chantons la gloire
Et les vertus et la grandeur ;
Rendons hommage à sa mémoire
Dans tous les temps et de tout cœur.

Refrain :

Laudate, laudate, laudate Martinum.

2

Vaillant soldat, chrétien fidèle
Et tout rempli du divin feu,
D'ardeur il brûle dans son zèle
De convertir toute âme à Dieu.

3

D'un indigent voyant la peine
Dans un élan touchant et beau
Martin encore catéchumène
Lui donne un pan de son manteau.

4

Par ses miracles, ses paroles,
Humble et puissant, des dieux mortels
Partout il brise les idoles,
Au Christ il dresse des autels.

5

L'enfer frémit contre sa flamme
Qu'il tente en vain de refroidir ;
Pour son troupeau, tout cœur, toute âme,
Martin voudrait pour lui mourir.

6

Nous t'aimons comme notre père,
O saint Martin, du haut des cieux
Daigne accueillir notre prière
Et sur nous tous jeter les yeux.

~~~~~~

La bannière de Saint Martin

Refrain :

De saint Martin suivons tous la bannière
Qui protégea nos immortels aïeux ;
Et sous sa garde, armés de la prière,
Nous marcherons triomphants vers les cieux.

1

Chrétiens, chantons de cet homme ineffable
Le nom si pur, la gloire et la grandeur ;
Et célébrons sa puissance admirable,
De ses vertus l'éclat et la splendeur.
~~~~~~

2

Sa charité, l'univers la proclame,
En lui brillaient la foi, l'humilité,
Un zèle ardent dévorait sa grande âme,
Et sa douceur rehaussait sa bonté.

3

Vers la Touraine, au démon asservie,
Il vint jadis, doux messager des cieux,
Pour lui montrer le chemin de la vie,
Au joug divin soumettre nos aïeux.

4

Au nom du Christ, il brisait toute idole,
A ses appels la mort obéissait,
Satan fuyait, redoutant sa parole,
Et tout un peuple à Dieu se consacrait.

5

Il parcourut notre Gaule païenne,
Prêchant le Dieu qui nous a rachetés ;
En la rendant généreuse et chrétienne,
Il fit de nous le peuple des croisés.

6

Du bon pasteur voici l'heure dernière,
Tous ses enfants l'entourent désolés :
« Pourquoi déjà nous quitter, tendre Père,
Puisque pour vous les cieux sont assurés. »

7

« O mes enfants, de la sainte patrie
Mon âme aspire à l'éternel repos :
Cessez vos pleurs, puisque de cette vie
Je vais finir les durs et longs travaux.

8

« Mais pour ces fils qu'ici-bas j'abandonne,
S'il faut, Seigneur, encore vivre et souffrir,
Près d'obtenir la céleste couronne,
Parlez,... je veux toujours vous obéir. »

9

Louange à Dieu dont la main paternelle
Nous a choisi saint Martin pour pasteur,
Et maintenant dans la gloire éternelle
Nous l'a donné pour père et protecteur.

10

Pour nous, chrétiens, ses enfants d'un autre âge,
En ce beau jour consacrons-lui nos cœurs,
Invoquons-le, sous son doux patronage
Nous obtiendrons la palme des vainqueurs.

F.-X. MOREAU,
Maître de chapelle de Saint-Martin.

Saint Martin, apôtre de la France

CANTIQUE DU XVe CENTENAIRE

(On peut prendre l'air de : *Nous voulons Dieu.*)

1

En ce quinzième centenaire
Vois, ô Martin, un peuple entier,
Devant ta tombe séculaire
Chanter ta gloire et te prier.

Refrain :   Apôtre de la France,
         Protège-la toujours,
A son drapeau rends la vaillance,
Rends-nous la foi des anciens jours.

Variante : Martin, ô tendre Père,
         Reçois nos chants d'amour.
Garde-nous bien sur cette terre
Et conduis-nous au ciel, un jour.

2

D'un tendre amour nos cœurs s'enflamment
Pour notre apôtre glorieux ;
En l'invoquant nos voix l'acclament
Ainsi que firent nos aïeux.

3

Qu'ils étaient beaux, quand la victoire
Était fidèle à leur drapeau,
Et qu'ils venaient t'en rendre gloire,
Se prosterner au saint tombeau.

4

Ainsi ta tombe vénérée
Fut l'origine et le berceau
De notre France tant aimée
Qui prit ta chape pour drapeau.

5

Dès lors on vit les rois, les reines,
Au saint tombeau souvent venir,
T'offrir leurs vœux, et dans leurs peines
Te supplier de les bénir.

6

Les papes en pèlerinages
De Rome vinrent t'implorer ;
De toute part et d'âge en âge
Les foules vinrent y prier.

7

Venez, chrétiens, venez l'entendre
Car de sa tombe il parle encor ;
Par le miracle, dans sa cendre,
Il est plus grand qu'avant sa mort.

8

Saint fondateur de notre France,
Daigne toujours la protéger,
Étends ton bras pour sa défense
Surtout à l'heure du danger.

9

O Tours, rappelle à ta mémoire
Que son sépulcre est ton trésor
Et qu'il sera toujours ta gloire,
Entoure-le d'amour et d'or.

10

Tombeau sacré, cœur de la France,
Couvre les plis de son drapeau,
Sois son appui, son espérance,
Et pour sa foi comme un flambeau.

11

Obtiens de Dieu, bien-aimé Père,
Que nous vivions en bons chrétiens,
Et n'aspirions, sur cette terre,
Qu'aux éternels et seuls vrais biens.

F.-X. MOREAU.

Nous voulons Dieu

Refrain :

Bénis, ô tendre Mère,
Ce cri de notre foi :
Nous voulons Dieu, c'est notre Père, } *bis.*
Nous voulons Dieu, c'est notre Roi.

1

Nous voulons Dieu, Vierge Marie
Prête l'oreille à nos accents ;
Nous t'implorons, Mère chérie,
Viens au secours de tes enfants.

2

Nous voulons Dieu dans la famille,
Dans l'âme de nos chers enfants,
Pour que la foi s'accroisse et brille
A nos foyers reconnaissants.

3

Nous voulons Dieu dans nos écoles,
Afin qu'on enseigne à nos fils
Sa loi, ses divines paroles
Sous le regard du Crucifix.

4

Nous voulons Dieu, sa sainte image
Doit présider aux jugements ;
Nous le voulons au mariage,
Comme au chevet de nos mourants.

5

Nous voulons Dieu dans notre armée,
Afin que nos jeunes soldats,
En défendant la France aimée,
Soient des héros dans les combats.

6

Nous voulons Dieu, de sa loi sainte
Jurons d'être les défenseurs,
De le servir libres sans crainte ;
Jusqu'à la mort, à Lui nos cœurs !

7

Nous voulons Dieu ! Pour que l'Eglise
Puisse enseigner la vérité,
Combattre l'erreur qui divise,
Prêcher à tous la charité.

8

Chrétiens, notre antique alliance,
Renouons-la dans ce saint lieu,
Et crions au nom de la France :
« Oui, Dieu le veut ! » — Nous voulons Dieu.

Paroles et musique de l'abbé F.-X. Moreau, ancien curé de Lorigny, maître de chapelle à la Basilique de Saint-Martin, à Tours.

Curiosités et Monuments de la Ville

Se rattachant au culte de Sain. Martin

Rue des Halles. — Les tours dites de Charlemagne et de l'Horloge. La première était située à l'extrémité du transept septentrional de la Basilique du xiii° siècle; la deuxième sous le nom de tour du Trésor était l'une des deux autres tours qui s'élevaient à la porte principale.

Rue Descartes, n°11. — Une portion des anciens cloîtres ou galeries de Saint-Martin. « Ces cloîtres, situés au midi de la Basilique, furent bâtis de 1508 à 1519, par Bastien François, l'un des sculpteurs de la fontaine de Beaune. On y admire des arabesques, des médaillons et des bas-reliefs, où se déploie tout le génie de la Renaissance française. » (Mgr Chevalier, *Guide pittoresque du voyageur en Touraine.)*

Rue Rapin. — La chapelle Saint-Jean qui servait de baptistère à saint Martin, et qui est aujourd'hui la chapelle particulière au couvent de l'Adoration perpétuelle. C'est dans ce lieu que le 11 novembre 1856, l'œuvre dite de la Reconstruction de la basilique prit naissance, avec l'approbation et les bénédictions de S. E. le Cardinal Morlot, archevêque de Tours.

Rue de Fleury. Cloître Saint-Gatien. — Cette rue passe sur l'emplacement de la cellule habitée par le moine-évêque près de son église-cathédrale. Cette cellule vénérée, que les successeurs du Saint n'osèrent plus occuper, devait se trouver à très faible distance de l'angle formé par le mur méridional de la cathédrale actuelle et le mur occidental du transept.

Rue des Ursulines. — En face le petit séminaire, se trouve la muraille gallo-romaine qui fut le théâtre du miracle dit : la Subvention de saint Martin.

Les Normands assiégeaient la ville de Tours (843), et c'est ici (entre la tour du petit Cupidon et la saillie que formait alors l'amphithéâtre romain), que fut apportée par les clercs et par le peuple, la châsse des reliques de saint Martin, dont la vue mit les assiégeants dans une déroute complète.

Rue Bernard-Palissy, n° 8. — La maison de M. Dupont convertie maintenant en oratoire de la Sainte-Face. C'est là qu'habita jusqu'à sa mort celui qui fut, dans notre ville, le fondateur du Vestiaire de Saint-Martin et le pieux promoteur des pèlerinages et de toutes les œuvres martiniennes.

Marmoutier, (couvent du Sacré-Cœur, 2 kilomètres de la ville).

Les lieux saints de Marmoutier, qui comprennent la *Grotte de Saint-Martin,* celle dite la *Pénitence de Saint-Brice,* la grotte des *Sept-Dormants,* la fontaine de *Saint-Martin* et la grotte de *Saint-Léobard. (Voir la notice spéciale.)*

Saint Martin mourut au village de Candes, situé à 48 kilomètres de Tours, en aval sur la rive gauche de la Loire : magnifique église du XIIᵉ siècle.

TABLE DES MATIÈRES

CANTIQUES

Abbeville, imp. C. Paillart, Éditeur des *Brochures illustrées de Propagande catholique.*

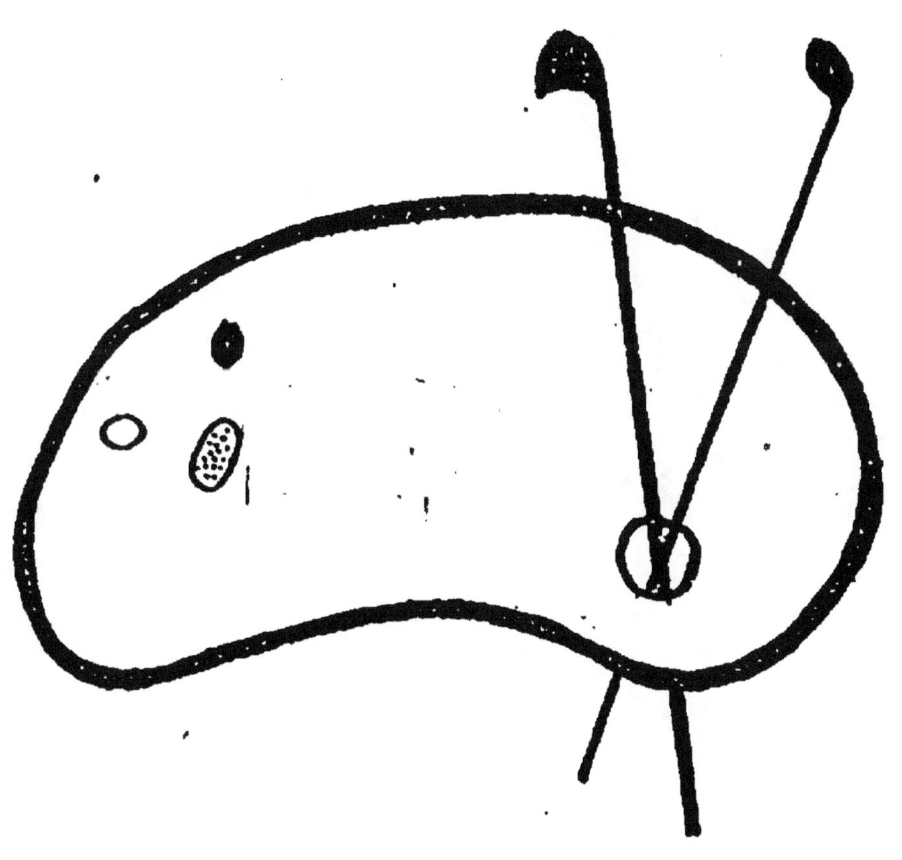

ORIGINAL EN COULEUR

NF Z 43-120-8

INDULGENCES

Accordées par le Souverain Pontife :

....

Indulgence plénière, le 11 novembre ou l'un des jours qui suivent jusqu'au Dimanche après le Dimanche de la solennité, à volonté, pour tous les fidèles qui s'étant confessés et ayant communié visiteront la Basilique où est le tombeau de Saint Martin, priant aux intentions du Souverain Pontife.

Indulgence plénière le 14 décembre, le 28 mars, le 12 mai et le 4 juillet, aux conditions énoncées.

Indulgence de 7 ans et 7 quarantaines à tout visiteur du tombeau y priant aux intentions ordinaires.

Toutes applicables aux âmes du Purgatoire

Indulgences relatives au Sanctuaire accordées par Messeigneurs les Archevêques :

Cent jours à qui assistera aux prières dites chaque jour au tombeau, à la messe de neuf heures.

Cent jours à tout fidèle qui, regardant la statue élevée sur le dôme, dira et à chaque fois qu'il le répétera : *Saint Martin, priez pour nous.*